Danappa Pattar

Modelos de alfabetização da informação para a comunidade rural

Danappa Pattar

Modelos de alfabetização da informação para a comunidade rural

ScienciaScripts

Imprint
Any brand names and product names mentioned in this book are subject to trademark, brand or patent protection and are trademarks or registered trademarks of their respective holders. The use of brand names, product names, common names, trade names, product descriptions etc. even without a particular marking in this work is in no way to be construed to mean that such names may be regarded as unrestricted in respect of trademark and brand protection legislation and could thus be used by anyone.

Cover image: www.ingimage.com

This book is a translation from the original published under ISBN 978-613-9-81526-5.

Publisher:
Sciencia Scripts
is a trademark of
Dodo Books Indian Ocean Ltd. and OmniScriptum S.R.L Publishing group
Str. Armeneasca 28/1, office 1, Chisinau MD-2012, Republic of Moldova, Europe
Printed at: see last page
ISBN: 978-620-5-38512-8

CONTEÚDO

CAPÍTULO - 1: INTRODUÇÃO

A literacia da informação foi apresentada pela primeira vez pelo Sr. Paul Zurkowski, Presidente da Associação da Indústria da Informação dos Estados Unidos em 1974. A literacia da informação é definida como "a competência para utilizar a informação, estudar a tecnologia da informação e moldar soluções de informação para problemas" (Loertsue, 1999).

O Comité Presidencial sobre Literacia da Informação da Associação Americana de Bibliotecas (ALA), Relatório Final, afirma: "Para ser alfabetizado, uma pessoa deve ser capaz de reconhecer quando a informação é necessária e ter a capacidade de localizar, avaliar e utilizar eficazmente a informação necessária" (1989)

A literacia da informação permite aos cidadãos tomar melhores decisões críticas para alcançar o seu pleno potencial, e permite aos países sustentar o seu desenvolvimento político, económico e social (Horton, 2013).

A Proclamação de Alexandria (2005), descreve a literacia da informação e a aprendizagem ao longo da vida como os "faróis da Sociedade da Informação, iluminando os cursos para o desenvolvimento, prosperidade e liberdade". A literacia da informação capacita as pessoas de todos os estratos sociais a procurar, avaliar, utilizar e criar informação de forma eficaz para alcançar os seus objectivos pessoais, sociais, profissionais e educacionais. É um direito humano básico num mundo digital e promove a inclusão social em todas as nações".

CAPÍTULO - 2: CONCEITO DE LITERACIA DE INFORMAÇÃO

De acordo com ACRL (2000) A literacia de informação é um conjunto de capacidades que exigem que os indivíduos "reconheçam quando a informação é necessária e tenham a capacidade de localizar, avaliar, e utilizar eficazmente a informação necessária". A literacia da informação, por outro lado, é um quadro intelectual para compreender, encontrar, avaliar, e utilizar a informação - actividades que podem ser realizadas em parte por fluência com a tecnologia da informação, em parte por métodos de investigação sólidos, mas o mais importante, através do discernimento crítico e do raciocínio. A literacia da informação inicia, sustenta e prolonga a aprendizagem ao longo da vida através de capacidades que podem utilizar tecnologias, mas que são, em última análise, independentes das mesmas.

O Chartered Institute of Library and Information Professionals (CILIP), no Reino Unido, define Information Literacy como: "Saber quando e porquê precisa de informação, onde encontrá-la, e como avaliá-la, utilizá-la e comunicá-la de uma forma ética" (CILIP, 2011).

Assim, a literacia da informação é definida como "um conjunto de capacidades que exigem que os indivíduos reconheçam quando a informação é necessária e tenham a capacidade de localizar, avaliar e utilizar eficazmente a informação necessária" (ACRL, 2000).

- Um indivíduo com literacia de informação é capaz de o fazer;

- determinar a extensão e a natureza da informação necessária

- aceder à informação necessária de forma eficaz e eficiente

- avaliar criticamente a informação e as suas fontes

- incorporar informação seleccionada na própria base de conhecimentos

- utilizar eficazmente a informação para atingir um objectivo específico

- compreender as questões económicas, jurídicas e sociais relacionadas com a utilização da informação, e

- aceder e utilizar a informação de forma ética e legal.

Com base nesta definição, foram identificadas variáveis para medir as competências dos agricultores em IL

Aprendizagem ao longo da vida

A UNESCO e a OCDE e as instituições da União Europeia têm sido os principais proponentes da opinião de que "a aprendizagem é um processo vitalício e que toda a educação deve ser organizada em torno desse princípio" (Schuetze, 2006, 289).

Aprendizagem informal

A primeira característica da aprendizagem ao longo da vida é que ela abrange tanto os tipos de educação e formação formais e não formais/ informais. A aprendizagem formal inclui o sistema escolar hierarquicamente estruturado que vai desde a escola primária até à universidade e programas escolares organizados, criados nas empresas para formação técnica e profissional. Enquanto que a aprendizagem informal descreve um processo ao longo da vida em que os indivíduos adquirem atitudes, valores, competências e conhecimentos a partir da experiência diária e das influências e recursos educativos no seu ambiente, da família e vizinhos, do trabalho e do lazer, do mercado, da biblioteca e dos meios de comunicação de massas. [Conner, 2009]

Aprendizagem auto-motivada

Há uma grande ênfase na necessidade dos indivíduos assumirem a responsabilidade pela sua própria aprendizagem. Os aprendentes ao longo da vida não são, portanto, definidos pelo tipo de educação ou formação em que estão envolvidos, mas pelas características pessoais que conduzem a tal envolvimento. Cassandra B. Whyte enfatizou a importância do local de controlo e do desempenho académico bem sucedido [Whyte, 1978] [Lauridsen e Whyte1980] As características pessoais dos indivíduos que mais provavelmente participarão na aprendizagem, quer formal quer informalmente ao longo das suas vidas, adquiriram:

- As aptidões e atitudes necessárias para a aprendizagem, especialmente a literacia e a numeracia;

- A confiança para aprender, incluindo um sentido de envolvimento com o sistema de educação e formação; e a vontade e motivação para aprender.

CAPÍTULO - 3: MODELOS DE LITERACIA DE INFORMAÇÃO

Uma vez estabelecida a necessidade de Literacia da Informação, é necessário procurar um modelo adequado que forneça um quadro para avaliar o estado das competências de Literacia da Informação entre a população estudada e conceber a metodologia para oferecer formação em Literacia da Informação. Alguns dos modelos importantes incluem:

1   SCONUL Sete Pilares da Alfabetização da Informação ;

2   Modelo Big6 (Conhecimentos de literacia da informação para todos) ;

3   Modelo Empowering 8 ;

4   Modelo de Investigação de Stripling e Pitts ;

5   SAUCE Modelo de literacia da informação; e

6   Modelo do Processo de Pesquisa de Informação da Kulthau.

Modelo SCONUL

O Grupo de Trabalho SCONUL sobre Literacia da Informação publicou em 1999 "Information skills in higher education: a SCONUL position paper" (SCONUL, 1999). Desde então, o modelo tem sido adoptado por bibliotecários e professores em todo o mundo como um meio de os ajudar a fornecer competências de informação aos seus alunos. Considerando as mudanças na sociedade, sentiu-se que, embora os princípios básicos subjacentes ao modelo original dos Sete Pilares permaneçam válidos, o modelo precisava de ser actualizado e alargado para reflectir mais claramente a gama de diferentes terminologias e conceitos que agora entendemos como "Literacia da Informação". Para que o modelo seja relevante para diferentes comunidades de utilizadores e idades, o novo modelo é apresentado como um modelo genérico "nuclear" para o Ensino Superior, ao qual uma série de "lentes", representando os diferentes grupos de aprendentes, pode ser aplicada (www.sconul.ac.uk).

O Modelo Modificado consiste nas seguintes competências.

1. Identificar

2. Âmbito

3. Plano

4. Reunir

5. Avaliar

6. Gerir

7. Presente.

Modelo Big 6 (Competências de Literacia da Informação para Todos)

O Modelo Big 6 é desenvolvido por Mike Eisenberg e Bob Berkowitz. O Big 6 é a abordagem mais conhecida e amplamente utilizada no ensino de informação e tecnologia no mundo. Utilizado em milhares de escolas K-12, instituições de ensino superior e programas de formação de empresas e adultos, o modelo Big6 de resolução de problemas de informação é aplicável sempre que as pessoas precisem e utilizem informação. O Big6 integra a pesquisa de informação e a utilização de competências juntamente com ferramentas tecnológicas num processo sistemático para encontrar, utilizar, aplicar e avaliar informação para necessidades e tarefas específicas.

As competências do Big6 são:

1.   Definição da tarefa

1.1   Definir o problema de informação

1.2   Identificar a informação necessária

2.   Estratégias de Procura de Informação

2.1   Determinar todas as fontes possíveis

2.2   Seleccionar as melhores fontes

3.   Localização e Acesso

3.1   Localizar Fontes (Intelectuais e Físicas)

3.2   Encontrar informação dentro das fontes

4.   Utilização da informação

4.1   Engajar (por exemplo, ler, ouvir, ver, tocar)

4.2   Extrair informação relevante

5.   Síntese

5.1   Organizar a partir de múltiplas fontes

5.2   Apresente a informação

6.   Avaliação

6.1   Julgar o Produto (Eficácia)

6.2   Julgar o Processo (Eficiência)

Empowering8 Model (Modelo de Competências de Literacia de Informação dos Estudantes)

O modelo Empowring8 foi desenvolvido no workshop organizado conjuntamente pela IFLA-ALP e pelo Instituto Nacional de Biblioteconomia e Ciência da Informação (NILIS), Sri-Lanka. Durante este workshop, tanto os participantes internacionais como os do Sri Lanka trabalharam para desenvolver o modelo Empowring8 Information Literacy. Este modelo consiste em 8 componentes e resultados de aprendizagem e este modelo ajuda os estudantes a demonstrar e desenvolver a capacidade de o fazer:

1.   Identificar

2.   Explorar

4.   Organizar

5.   Criar

6.   Presente

7.   Avaliar

8.   Aplicar

Modelo SAUCE (Para Estudantes e Homem Comum)

Este modelo visa muito fortemente a expectativa de que os alunos utilizem a informação de uma forma prática. O modelo centra-se na solução e o aprendente comunica a solução final, as decisões, o pensamento e as justificações, em vez de comunicar a informação recolhida. Assim, o processo visa 'a celebração da compreensão' em vez de uma 'celebração do encontrado' (http://ictnz.com/index.htm).

Modelo de Investigação Stripling e Pitts Barbara Stripling e Judy Pitts desenvolveu uma taxonomia e um processo de 10 passos para a investigação, concentrando-se no pensamento de nível superior, resultando em produtos de maior qualidade. Questões de reflexão para as etapas do processo encorajam uma abordagem ponderada à investigação **(http://drbmorris.weebly.com/)**

A taxonomia adoptada é:

•   Recordando

•   Explicando

•   Analisando

•   Challenging

- Transformação

- Sintetizando

O Processo de Investigação em Dez Passos

1. Escolha um tópico amplo

2. Obter uma visão geral do tema

3. Estreitar o tema

- Ponto de Reflexão: O meu tópico é bom?

4. Desenvolver tese ou declaração de objectivo

- Ponto de Reflexão: A minha tese de afirmação ou objectivo representa um conceito global e eficaz para a minha investigação?

5. Formular perguntas para orientar a investigação

- Ponto de Reflexão: As perguntas fornecem uma base para a minha investigação?

6. Plano de investigação e produção

- Ponto de Reflexão: O plano de investigação/produção é exequível?

7. Encontrar, analisar, e avaliar fontes

- Ponto de Reflexão: As minhas fontes são utilizáveis e adequadas?

8. Avaliar provas, tomar notas, e compilar bibliografia

- Ponto de Reflexão: A minha investigação está completa?

9.   Estabelecer conclusões, organizar a informação num esboço

- Ponto de Reflexão: Serão as minhas conclusões baseadas em provas investigadas? Será que o meu esquema organiza logicamente conclusões e provas?

10.   Criar e apresentar o produto final

- Ponto de Reflexão: O meu trabalho/projecto é satisfatório?

Entre estes modelos, Big 6 Model, SCONUL's Seven Pillars of Information Literacy, Empowering 8 Model e SAUCE Model foram considerados adequados para avaliar o estado das competências de literacia de informação do homem comum. No entanto, uma vez que nenhum destes modelos foi desenvolvido exclusivamente tendo em mente a comunidade rural, o investigador desenvolveu o seu próprio modelo para efeitos de estudo utilizando o quadro geral dos modelos acima mencionados e o modelo proposto é designado como Modelo de Literacia da Informação para a Comunidade Rural.

CAPÍTULO - 4: MODELO DE LITERACIA DE INFORMAÇÃO PARA A COMUNIDADE RURAL

A literacia de informação é importante para todos os seres humanos e quaisquer indivíduos e famílias que vivem em zonas rurais necessitam de conhecimentos e capacidades sofisticados de literacia de informação para tirar partido de benefícios agrícolas e outros, por exemplo; para solicitar cartões BPL, empréstimos agrícolas, seguros, serviços governamentais ou empréstimos estudantis; para gerir os seus investimentos em cuidados de saúde, finanças e reforma; para participar no processo político; e, caso contrário, para fazer as escolhas que afectam as suas vidas.

São identificadas as seguintes etapas para as comunidades rurais que participam na avaliação do estado de alfabetização da comunidade rural em matéria de informação: Estes modelos servem para avaliar o estado actual das competências de literacia de informação da comunidade rural (Danappa, 2016).

Etapa - 1: Identificação da necessidade de informação

Etapa - 2: Descobrir as fontes de informação relevantes

Etapa - 3: Avaliação da informação recolhida

Etapa - 4: Utilização da informação para completar a tarefa

Etapa - 5: Avaliação do nível de satisfação

CAPÍTULO - 5 : NORMAS DE LITERACIA DE INFORMAÇÃO

Seguindo as normas de Alfabetização da Informação, são dadas as directrizes para construir ou formular o programa de formação de Alfabetização da Informação e os resultados esperados após a formação.

1.	Normas ANZIL (Bundy, 2004)

2.	Normas ACRL (ACRL, 2000)

3.	Normas IL publicadas pela IFLA (Lau, 2006)

4.	Normas AASL(AASL, 1998).

Normas ANZIL

O quadro de Information Literacy da Austrália e da Nova Zelândia deriva, com permissão, dos padrões de competência de Information Literacy da Associação de Bibliotecas Universitárias e de Investigação (ACRL) para o ensino superior. O quadro fornece os princípios, normas e práticas que podem apoiar a educação em literacia da informação em todos os sectores da educação. Nestes sectores, a literacia da informação foi geralmente definida como um entendimento e um conjunto de capacidades que permitem aos indivíduos reconhecer quando a informação é necessária e ter a capacidade de localizar, avaliar, e utilizar eficazmente a informação necessária.

Num contexto mais amplo, as pessoas letradas em informação têm sido descritas como aquelas que sabem quando precisam de informação, e são então capazes de identificar, localizar, avaliar, organizar e utilizar eficazmente a informação para abordar e ajudar a resolver questões e problemas pessoais, relacionados com o trabalho ou problemas sociais mais amplos (Bundy, 2004).

Informação Alfabetizar pessoas:

- Reconhecer uma necessidade de informação.

- Determinar a extensão da informação necessária.

- Aceder à informação de forma eficiente.

- Avaliar criticamente a informação e as suas fontes.

- Classificar, armazenar, manipular e reformular a informação recolhida ou gerada.

- Incorporar informação seleccionada na sua base de conhecimentos.

- Utilizar eficazmente a informação para aprender, criar novos conhecimentos, resolver problemas e tomar decisões.

- Compreender as questões económicas, jurídicas, sociais, políticas e culturais na utilização da informação.

- Acesso e utilização da informação de forma ética e legal.

- Usar informação e conhecimentos para a cidadania participativa e responsabilidade social.

- Experimente a literacia da informação como parte da aprendizagem independente e da aprendizagem ao longo da vida.

O Quadro de Alfabetização da Informação da Austrália e da Nova Zelândia baseia-se em quatro princípios abrangentes. Estes são que as pessoas alfabetizadas em matéria de informação:

- Envolver-se na aprendizagem independente através da construção de um novo significado, compreensão e conhecimento.

- Conseguir satisfação e realização pessoal através da utilização sensata da informação.

- Individual e colectivamente procurar e utilizar informações para a tomada de decisões e resolução de problemas, a fim de abordar questões pessoais, profissionais e societais.

- Demonstrar responsabilidade social através de um compromisso com a aprendizagem ao longo da vida e a participação comunitária.

Padrão-1: A pessoa Literata reconhece a necessidade de informação e determina a natureza e extensão da informação necessária.

Resultados da aprendizagem,

- Define e articula a necessidade de informação

- Compreende a finalidade, âmbito e adequação de uma variedade de fontes de informação

- Reavalia a natureza e extensão da necessidade de informação

- Utiliza diversas fontes de informação para tomar decisões informadas.

Padrão -2: A pessoa Literata de Informação encontra a informação necessária de forma eficaz e eficiente.

Resultados da aprendizagem,

- Selecciona os métodos ou ferramentas mais apropriados para encontrar informação

- Constrói e implementa estratégias de pesquisa eficazes

- Obtém informação utilizando métodos apropriados

- Mantém-se a par das fontes de informação, tecnologias de informação, e métodos de investigação de ferramentas de acesso à informação.

Padrão -3: A pessoa com literacia de informação avalia de forma crítica a informação e o processo de procura de informação.

Resultados da aprendizagem,

- Avalia a utilidade e a relevância da informação obtida.

- Define e aplica critérios para avaliar a informação

- Reflecte sobre o processo de procura de informação e revê as estratégias de pesquisa conforme necessário.

Padrão -4: A pessoa com literacia de informação gere a informação recolhida ou gerada

Resultados da aprendizagem,

*   Regista a informação e as suas fontes.

*   Organiza (encomendas/classificações/armazéns) informação.

Padrão -5: A pessoa alfabetizada aplica informação prévia e nova informação para construir novos conceitos ou criar novo entendimento.

Resultados da aprendizagem,

*   Compara e integra novos conhecimentos com conhecimentos anteriores para determinar o valor acrescentado, contradições, ou outras características únicas da informação.

*   Comunica conhecimentos e novos entendimentos de forma eficaz.

Padrão -6: A pessoa alfabetizada utiliza a informação com compreensão e reconhece as questões culturais, éticas, económicas, legais e sociais que envolvem o uso da informação.

Resultados da aprendizagem,

*   Reconhece as questões culturais, éticas e socioeconómicas relacionadas com o acesso à utilização da informação.

- Reconhece que a informação é sustentada por valores e crenças.

- Confirma com convenções e etiqueta relacionadas com o acesso e utilização da Informação.

- Obtém legalmente armazéns, e divulga textos, dados, imagens ou sons.

ACRL Normas de Literacia da Informação

As normas ACRL são muito populares e amplamente aceites e testadas em todo o mundo. Incluem os resultados esperados sob cada indicador de desempenho, que são desenvolvidos com o objectivo de fornecer orientação no desenvolvimento, métodos de avaliação, instrumentos e estratégias para medir os resultados de aprendizagem dos estudantes. Estes padrões podem ser utilizados para avaliar as competências de literacia da informação de professores, bibliotecários, etc. Os padrões centram-se nas necessidades dos estudantes do ensino superior a todos os níveis. Os padrões também enumeram uma série de resultados para avaliar o progresso dos estudantes no sentido da literacia da informação. Além de avaliar as competências básicas de literacia da informação dos estudantes, o corpo docente e os bibliotecários devem também trabalhar em conjunto para desenvolver instrumentos e estratégias de avaliação no contexto de disciplinas particulares, uma vez que a literacia da informação se manifesta na compreensão específica da criação de conhecimento, da actividade académica e dos processos de publicação encontrados nessas disciplinas. Ao implementar estas normas, as instituições precisam de reconhecer que diferentes níveis de capacidades de pensamento estão associados a vários resultados de aprendizagem - e, por conseguinte, diferentes instrumentos ou métodos são essenciais para avaliar esses resultados.

Padrão Um

A informação alfabetizada do estudante determina a natureza e extensão da informação necessária.

Indicadores de desempenho

> A informação alfabetizada do estudante define e articula a necessidade de informação.

> A informação alfabetizada do estudante identifica uma variedade de tipos e formatos de potencial

fontes de informação.

> O estudante literário de informação considera o custo e os benefícios de adquirir a informação necessária.

> A informação alfabetizada do estudante reavalia a natureza e extensão da necessidade de informação.

Padrão Dois

A informação literária dos estudantes acede à informação necessária de forma eficaz e eficiente.

Indicadores de desempenho

> O estudante literário de informação selecciona os métodos de investigação ou sistemas de recuperação de informação mais apropriados para aceder à informação necessária.

> A informação alfabetizada do estudante constrói e implementa eficazmente estratégias de pesquisa.

> A informação alfabetizada do estudante recupera informação online ou pessoalmente utilizando uma variedade de métodos.

> A informação alfabetizada do estudante aperfeiçoa a estratégia de pesquisa, se necessário.

> A informação alfabetizada extrai, regista e gere a informação e os seus fontes.

Padrão Três

O estudante literato avalia a informação e as suas fontes de forma crítica e incorpora a informação seleccionada na sua base de conhecimentos e sistema de valores.

Indicadores de desempenho

> A informação alfabetizada do estudante resume as principais ideias a serem extraídas da informação recolhida.

\> A informação alfabetizada do estudante articula e aplica critérios iniciais para avaliar tanto a informação como as suas fontes.

\> A informação alfabetizada do estudante sintetiza as principais ideias para construir novos conceitos.

\> O estudante literato de informação compara novos conhecimentos com conhecimentos anteriores para determinar o valor acrescentado, contradições, ou outras características únicas da informação.

\> A informação alfabetizada do estudante determina se os novos conhecimentos têm impacto no sistema de valores do indivíduo e toma medidas para conciliar as diferenças.

\> O estudante literário de informação valida a compreensão e interpretação da informação através do discurso com outros indivíduos, peritos da área temática, e/ou profissionais.

\> A informação alfabetizada do estudante determina se a consulta inicial deve ser revista.

Padrão Quatro

O estudante alfabetizado, individualmente ou como membro de um grupo, utiliza a informação de forma eficaz para atingir um objectivo específico.

Indicadores de desempenho

> O estudante literário de informação aplica informação nova e prévia ao planeamento e criação de um determinado produto ou desempenho.

> O estudante literário de informação revê o processo de desenvolvimento do produto ou desempenho.

> O estudante literário de informação comunica o produto ou desempenho de forma eficaz a outros.

Padrão Cinco

O estudante alfabetizado compreende muitas das questões económicas, legais e sociais que envolvem o acesso e a utilização da informação para utilizar a informação de forma ética e legal.

Indicadores de desempenho

> O estudante literário de informação compreende muitas das questões éticas, legais e sócio-económicas que envolvem a informação e a tecnologia da informação.

> A informação alfabetizada segue leis, regulamentos, políticas institucionais, e etiqueta relacionada com o acesso e utilização de recursos de informação.

> O estudante literário de informação reconhece a utilização de fontes de informação na comunicação do produto ou do desempenho (ACRL, 2000).

Normas de Literacia da Informação da IFLA

As normas da IFLA estão agrupadas sob as três componentes básicas de Literacia da Informação.

1. **Acesso** - O utilizador acede à informação de forma eficaz e eficiente

Definição e articulação das necessidades

- Define ou reconhece a necessidade de informação

- Decide fazer algo para encontrar a informação

- Expressa e define a necessidade de informação

- Inicia o processo de pesquisa

Localização da Informação

- Identifica, e avalia as potenciais fontes de informação

Desenvolver estratégias de pesquisa

- Aceder às fontes de informação seleccionadas

- Selecciona e recupera a informação localizada

2. **Avaliação** - O utilizador avalia a informação de forma crítica e competente

Avaliação da Informação

- Analisa, examina e extrai informação

- Generaliza e interpreta a informação

- Selecciona e sintetiza a informação

- Avaliar a exactidão e relevância da informação recuperada

Organização da informação

- Organizar e categorizar a informação

- Agrupa e organiza a informação recuperada

- Determina qual é a melhor e mais útil informação

3. **Utilização** - O utilizador aplica/utiliza a informação de forma precisa e criativa

Utilização da informação

- Encontra novas formas de comunicar, apresentar e utilizar a informação

- Aplica a informação recuperada

- Aprender para o conhecimento pessoal

- Apresenta o produto de informação

Comunicação e utilização ética da informação

- Compreende a utilização ética da informação

- Respeita a utilização legal da informação

- Comunica o produto de aprendizagem com reconhecimento de propriedade intelectual

- Utiliza as normas de estilo de reconhecimento relevantes

Normas AASL

Os padrões de literacia de informação para a aprendizagem dos estudantes fornecem um quadro conceptual e orientações gerais para a descrição da informação alfabetizada do estudante. As normas consistem em três categorias, nove normas e vinte e nove indicadores. Os padrões e indicadores são escritos a um nível geral, para que os especialistas em meios de comunicação da biblioteca e outros em vários locais geográficos possam adaptar as declarações às necessidades locais (AASL, 1998).

Padrão-1: o estudante que é alfabetizado acede à informação de forma eficiente e eficaz.

Indicador 1. Reconhece a necessidade de informação.

Indicador 2. Reconhece que a informação precisa e abrangente é a base para uma tomada de decisão inteligente.

Indicador 3. Formula perguntas com base nas necessidades de informação.

Indicador 4. Identifica uma variedade de potenciais fontes de informação.

Indicador 5. Desenvolve e utiliza estratégias de sucesso para a localização de informação.

Padrão-2: O estudante que é alfabetizado avalia a informação de forma crítica e competente.

Indicador 1. Determina a exactidão, relevância e abrangência.

Indicador 2. Distingue entre factos, pontos de vista e opiniões.

Indicador 3. Selecciona a informação adequada ao problema ou questão em causa.

Indicador 4. Identifica informações inexactas e enganosas.

Padrão-3: O estudante que é alfabetizado utiliza a informação de forma precisa e criativa.

Indicador 1. Organiza a informação para aplicação prática.

Indicador 2. Integra a nova informação no próprio conhecimento.

Indicador 3. Aplica a informação no pensamento crítico e na resolução de problemas.

Indicador 4. Produz e comunica informações e ideias em formatos apropriados.

Padrão 4: O estudante que é um estudante independente é alfabetizado e procura informação relacionada com interesses pessoais.

Indicador 1. Procura informação relacionada com várias dimensões do bem-estar pessoal, tais como interesses de carreira, envolvimento comunitário, questões de saúde, actividades recreativas.

Indicador 2. Concebe, desenvolve e avalia produtos e soluções de informação relacionados com interesses pessoais.

Padrão - 5: O estudante que é um estudante independente é alfabetizado e aprecia a literatura e outras expressões criativas de informação.

Indicador 1. É um leitor competente e auto-motivado.

Indicador 2. Deriva o significado da informação apresentada de forma criativa numa variedade de formatos.

Indicador 3. Desenvolve produtos criativos numa variedade de formatos.

Padrão-6: O estudante que é um estudante independente é alfabetizado e esforça-se pela excelência na procura de informação e geração de conhecimento.

Indicador 1. Avalia a qualidade do processo e dos produtos de busca de informações pessoais.

Indicador 2. Concebe estratégias para rever, melhorar e actualizar os conhecimentos auto-gerados.

Padrão -7: O estudante que contribui positivamente para a comunidade de aprendizagem e para a sociedade é alfabetizado e reconhece a importância da informação para uma sociedade democrática.

Indicador 1. Procura informação de diversas fontes, contextos, disciplinas e culturas.

Indicador 2. Respeita o princípio do acesso equitativo à informação.

Padrão - 8: O estudante que contribui positivamente para a comunidade de aprendizagem e para a sociedade é alfabetizado e participa efectivamente em grupos para perseguir e gerar informação.

Indicador 1. Partilha conhecimentos e informações com outros.

Indicador 2. Respeita outras ideias e antecedentes e reconhece as suas contribuições.

Indicador 3. Colabora com outros, tanto pessoalmente como através de tecnologias, para identificar problemas de informação e procurar as suas soluções.

Indicador 4. Colabora com outros, tanto pessoalmente como através de tecnologias, para conceber, desenvolver, e avaliar produtos e soluções de informação.

CAPÍTULO - 6: LITERACIA DE INFORMAÇÃO NA ÍNDIA

Comissão Nacional do Conhecimento da Índia

O Governo da Índia criou a Comissão Nacional do Conhecimento em Junho de 2005 com os seguintes objectivos.

" Construir excelência no sistema educacional para enfrentar os desafios do conhecimento do século XXI e aumentar a vantagem competitiva da Índia nos campos do conhecimento.

" Promover a criação de conhecimentos em laboratórios de C&T.

" Melhorar a gestão das instituições envolvidas nos direitos de propriedade intelectual.

" Promover aplicações do conhecimento na agricultura e na indústria.

" Promover a utilização das capacidades de conhecimento para fazer do governo um prestador de serviços eficaz, transparente e responsável perante o cidadão e promover a partilha generalizada do conhecimento para maximizar o benefício público.

A Comissão Nacional do Conhecimento (NKC) tem cinco áreas de enfoque distintas:

1. Acesso ao Conhecimento: Proporcionar acesso a recursos de conhecimento através do reforço da biblioteca e das infra-estruturas e redes de informação, promovendo e adoptando literatura de acesso aberto, material didáctico aberto e

software de código aberto.

2. Conceitos de Conhecimento: Estimular as capacidades intelectuais e melhorar as competências profissionais, incluindo a capacidade de tratamento da informação dos jovens

3. Criação do Conhecimento: Fazer auto-suficiência na criação de conhecimento; reforçar as capacidades de investigação indígenas nas áreas da ciência, tecnologia e medicina; gerar conhecimento para o desenvolvimento social.

4. Aplicação do conhecimento: Aproveitamento máximo dos bens intelectuais, aplicação de conhecimentos em domínios como a agricultura, indústria, saúde, educação, etc.

5. Serviços de Conhecimento: Tornar a governação e os funcionários governamentais mais responsáveis, transparentes e sensíveis às causas dos homens comuns.

Lei do Direito à Informação 2005

A Lei do Direito à Informação de 2005 obriga a uma resposta atempada aos pedidos dos cidadãos para informação do governo. É uma iniciativa tomada pelo Departamento de Pessoal e Formação, Ministério do Pessoal, Reclamações Públicas e Pensões para fornecer aos cidadãos um Portal RTI Gateway para pesquisa rápida de informação sobre os detalhes das primeiras Autoridades de Apelação, PIOs, etc., entre outros, para além do acesso a informação/divulgações relacionadas com o RTI publicadas na web por várias Autoridades Públicas sob o governo da Índia, bem como pelos governos estaduais (12).

Rashtriya Unidade de Literacia Informática

Actualmente, a Tecnologia da Informação toca o seu auge. O mundo inteiro é globalizado através da informatização. Todas as fases da vida são categorizadas através do desenvolvimento desta tecnologia. Hoje em dia, com o advento do e-mail e da Internet, a recuperação de informação desceu na ponta dos dedos. Os computadores alteraram o processamento da informação de uma forma dramática. Para dar uma aceleração para tornar a Índia 100% alfabetizada em termos informáticos, é altamente essencial levar a educação "TI" ao nível da base. Até & a menos que os utilizadores finais sejam educados da forma correcta para lidar com as ajudas tecnológicas, os nossos objectivos não podem ser alcançados (13).

Rashtriya Computer Literacy Drive... O nascimento de uma ideia

Rashtriya Computer Literacy Drive é uma iniciativa da Sunita Infotech para tornar a "Índia 100% informatizada" e difundir a Educação de Qualidade em TI com uma diferença.

O objectivo da missão é permitir que indivíduos e empresas a nível nacional alcancem maior sucesso, fornecendo conhecimentos, competências, soluções e serviços através de esforços pioneiros e da utilização de tecnologia apropriada a um custo muito acessível. As taxas cobradas estão a ser baixas, irão ajudar o sector economicamente atrasado, bem como o sector organizado das áreas urbanas e rurais, respectivamente.

Rede Nacional do Conhecimento (NKN)

Na fase inicial da NKN, os projectos seguintes foram retomados e o seu estatuto é o seguinte:

A actualização da NICNET em 15 locais para lidar com gigabits de velocidade foi concluída em Dezembro de 2008. Os locais são: Deli (Deli), Chandigarh (UT), Jaipur (Rajasthan), Gandhinagar (Gujrat), Hyderabad (Andhra Pradesh), Bhopal (Madhya Pradesh), Kolkotta (Bengala Ocidental), Bhuwaneshwar (Orissa), Mumbai (Maharashtra), Chennai (Tamil Nadu), Guwahati (Assam), Thiruvananthapuram (Kerala), Bangalore (Karnataka), Lucknow (Uttar Pradesh).

A criação de infra-estruturas mínimas em 40 instituições (de 57 instituições) para ligação à NKN foi concluída. As Instituições incluem: IIT- Gandhinagar (Gujarat), IIT-Mumbai (Maharashtra), TIFR Mumbai (Maharashtra), BARC Mumbai (Maharashtra), IIT-Hyderabad (Andhra Pradesh), IIT-Patna (Bihar), VECC Kolkotta (Bengala Ocidental), IIT Kharagpur (Bengala Ocidental), IIT - Chennai (Tamil Nadu), IGCAR, Delhi (Delhi), IIT-Guwhati (Assam), IMTEC (Chandigarh), IITM-Pune (Maharashtra), CDAC Pune (Maharashtra), IGIB- JNU (Delhi), IGIB- Okhla (Delhi).

Biblioteca Nacional Digital

Com o advento da tecnologia digital e da conectividade à Internet, o cenário da biblioteca está a mudar rapidamente. Os dados disponíveis em forma física podem ser preservados digitalmente na Biblioteca Digital. As Bibliotecas Digitais têm a capacidade de melhorar o acesso à informação e ao conhecimento. Também ultrapassam as barreiras do tempo e do espaço. A Biblioteca Nacional Digital é uma iniciativa tomada pelo Governo da Índia para estabelecer a Biblioteca Digital da Índia. O projecto está em curso e as actividades de destaque no âmbito deste projecto são as seguintes. Criação de Mega Centros e Centros de Digitalização em colaboração com o IISc, Bangalore e Carnegie Melon University, EUA.

No âmbito do programa de colaboração, os scanners para estes centros foram fornecidos pela CMU, EUA, ao abrigo do Programa Milhão de Livros da Biblioteca Digital Universal. O Instituto Indiano de Ciência, Bangalore, está a coordenar este programa. Os dados digitais gerados por estes centros de digitalização no âmbito desta actividade são disponibilizados na página web "Digital Library Initiatives" http://www.new.dli.ernet.in. Este sítio, para além dos centros de digitalização acima referidos, tem também dados de outros centros de digitalização que foram apoiados pelo IISc.,Bangalore/CMU, EUA. **(Deshpande e Dhakole, 2011)**

CAPÍTULO - 7: NECESSIDADE DE LITERACIA DE INFORMAÇÃO

A literacia da informação é necessária para uma utilização eficaz, consumo e avaliação dos recursos de informação disponíveis nas instituições. A literacia da informação pode também colmatar a lacuna entre a clivagem digital que observamos em muitas iniciativas ao nível das bases na Índia sob a forma de 'centros de conhecimento de aldeia', 'centros de informação comunitários', 'e-choupals', 'gyandoot', etc., introduzidos com a participação de ONG, agências de desenvolvimento e organizações empresariais. A literacia da informação faz da criação e geração de novos conhecimentos uma realidade (Ghosh e Das, 2006). Os objectivos da Information Literacy são:

• Obter o máximo de benefícios dos bens intelectuais,

• Para aumentar a produtividade em diferentes sectores sociais, e

• Tornar os funcionários públicos mais responsáveis e mais transparentes e coerentes na divulgação de conhecimentos à sociedade, o que é muito essencial na sociedade actual.

Um inquérito de Yongling (2004) salienta a importância dos requisitos de informação, salientando que a má qualidade, a informação desactualizada, imprecisa ou incompleta coloca um problema, principalmente porque os agricultores não conseguem distinguir entre informação "boa" e "má", que o autor relaciona principalmente com um baixo nível de educação. Este problema é complexo, e como tal inclui uma das questões centrais da gestão da informação em geral: a da literacia da informação.

É evidente que a literacia da informação requer e exige várias competências dos cidadãos do mundo digital. Nunca antes na história da humanidade estas competências foram esperadas de todos; tais expectativas preocupam-se tipicamente com os membros da elite intelectual (Rab, 2008).

Assim, o desenvolvimento da literacia da informação implica não só a utilização de ferramentas técnicas mas também o desenvolvimento de uma forma de pensar orientada para a realização consciente dos interesses planeados. Uma vez que a literacia da informação significa perceber a falta de informação, procurá-la, localizá-la e processá-la e depois utilizá-la responsavelmente, é evidente que o seu desenvolvimento inclui também o do pensamento crítico (Andreopoulou, et al 2014).

Akanda & Roknuzzaman (2012) pesquisaram a literacia de informação agrícola de 160 agricultores na região norte do Bangladesh. O inquérito mostra que os agricultores precisam de informação para vários fins de actividades agrícolas, e utilizam diferentes fontes e meios de comunicação para aceder a tal informação.

SÍNTESE

Sr. Paul Zurkwaski, definido como "para ser alfabetizado, uma pessoa deve ser capaz de reconhecer quando a informação é necessária e ter a capacidade de localizar, avaliar e utilizar eficazmente a informação necessária" (ALA, 1989). Foram desenvolvidos vários padrões e modelos para diferentes categorias a fim de avaliar o seu estado de literacia da informação, por exemplo, para professores, estudantes, empregados, etc. e é necessária mais investigação para enquadrar um modelo adequado de formação e desenvolvimento de agricultores e outras comunidades rurais para ser um literato de informação. Os padrões de literacia de informação que foram desenvolvidos para avaliar a Literacia de Informação fornecem directrizes para a construção de programas de literacia de informação e os resultados esperados após a realização de tal formação.

Referências

AASL (1998). Padrões de literacia de informação para a aprendizagem dos estudantes: padrões e indicadores. Chicago: Associação Americana de Bibliotecários Escolares. Acedido [17 de Janeiro de 2010] http:// www.ala.org/ ala/aasl/ aaslproftools/informationpower/ InformationLiteracyStandards_final.pdf.

ACRL (Associação de bibliotecas universitárias e de investigação) (2000) Information Literacy, Accessed [17 de Janeiro de 2008] http://www.ala.org/ala/acrl.

ACRL. (2000). Advancing Learning Transforming Scholarship (Bolsa de Estudos Avançada de Aprendizagem Transformadora). Acedido [12 de Junho

2011]www.ala.org:_COPY14 z#useofst

Andreopoulou, Z., Samathrakis, V., Louca, s., &Vlachopoulou, M. (2014). E-Innovation for sustainable Development of rural resources during global economic crisis, Eds. IGI Global. EUA, pp. 36-46.

Descalço, B. (2006). Atravessando o abismo: estudantes do primeiro ano e a biblioteca. Chronicle of Higher Education, 52 (20) B16.

Bawden, D. (2001). Information and Digital Literacies ; A review of concepts. Journal of Documentation, 57(2), 218-259.

Bell S. (1986). Planeamento e operação de sistemas de informação em países menos desenvolvidos. Journal of Information Science, 12(5), 231-245.

Bhatnagar, S. (2000). Social implications of Information and Communication Technology in Developing Countries : Lições de histórias de sucesso asiáticas. EJISDC, 1(4), 1-9.

Bond, T. (2011) SAUCE Modelo de alfabetização de informação. Acedido a [18 de Maio de 2013] http://ictnz.com/index.htm.

Boon, A. J. (1992). Informação e Desenvolvimento: Algumas razões para o fracasso. Sociedade da Informação, 8(3), 227-241.

Bruce, C. (n.d.). Sete Faces da Alfabetização da Informação. Acesso [21 de Abril de 2012] www.christmebruce.com.au: COPY6 seven- faces-of-information-literacy-in-higher-education.

Bundy, A. (2004). Australian and New Zealand Information Literacy Framework. Austrália, Astrália do Sul: Library Publications University of South Australia, pp. 1-52.

Camble, E. (1994). O ambiente de informação dos trabalhadores do desenvolvimento rural no Estado de Borno, Nigéria. African journal of library, archives and information science 4(2) October: pp. 99-106.

CILIP (2011). Literacia da informação: definição. Disponível em: http://www.cilip.org.uk/get involved/advocacy/information-literacy/pages/definition.aspx(Acesso: 17/05/ 2012).

Danappa P. (2016). Alfabetização da informação entre a comunidade rural um estudo da região de Hyderabad Karnataka (tese de doutoramento). Kalaburgi: Universidade de Gulbarga.

Deshpande, S. M., & Dakhole, P. S. (2011). Literacia da Informação : Políticas e Iniciativas Governamentais na Índia. 8th International Caliber:Inflibnet.Goa, pp. 404-416.

Ghosh, S.B., & Das, A. K. (2006). Iniciativas de literacia da informação na Índia, com especial referência à economia do conhecimento emergente. In International Conference on Information Literacy (ICIL 14-15, Junho de 2006), Kuala Lumpur, Malásia, pp. 1-11.

Governo da Índia, (2014). Ministério do Desenvolvimento Rural. Acedido [12 Jan 2014] a partir de rural.nic.in: http://rural.nic.in/sites/programmes-schemes.asp.

Horton, F. W. (2013). Visão geral dos recursos de informação a nível mundial. UNESCO, pp. 1-223.

Kamba, M. A. (2009). Acesso à Informação: O dilema para o desenvolvimento das comunidades rurais em África. 7ª Conferência Internacional: GLOBÉLICA 2009, Instituto de Tecnologia da Geórgia, 6-8 de Outubro. Acedido [21 de Novembro de 2013] Obtido em http://hdl.handle.net/1853/36694.

Loertsue, D.V. (1999). Literacia da Informação. San Jose: Hiwillow Research and Publish.

Morris, B. J. (1988). Stripling and Pitts Research Process Model. Acedido [18 de

Junho de 2013] http://drbmorris.weebly.com/stripling--pitts-research-process.html.

Rab, A. 2008. Cultura digital - Cultura digitalizada e cultura criada numa plataforma digital In: A Sociedade da Informação da Teoria à Prática Política. Livro de curso. Pinter R. ed. Gondolat - UjMandâtum, Budapeste, pp. 183-201.

SCONUL. (2011). os Sete Pilares da Alfabetização da Informação. Acedido [29 de Abril de 2013]http://www.sconul.ac.uk/groups/information literacy/seven_pillars.html.

Yongling, Z. 2004. Serviço de informação em levantamentos e conclusões de campo na China rural. Banguecoque: FAO. Acedido [23 de Maio de 2015] www.fao.org.

Zheng, Y. (2007). Uma conceptualização estruturante da literacia da informação: Reflexões sobre a investigação na África do Sul rural. European Conference on Information Systems (ECIS) 2007 Proceedings, p.178.

Zheng, Y. (2007). A structurational conceptualization of Information Literacy : Reflections in research in rural south africa. European Conference on Information System (ECIS), UK: Association for Information System. pp. 2221-2232.

Soni Stella Lifelong Learning - Educação e Formação Semana de Trabalho FIG 2012 sabendo gerir o território, proteger o ambiente, avaliar o património cultural Roma, Itália, 6-10 de Maio de 2012

Conner, M. 2009, Introducing Informal Learning, Marcia Conner, visto a 30 de Setembro de 2010.

Whyte, C. B., 1978, Effective Counseling Methods for High-Risk College Freshmen. Medição e Avaliação na Orientação.6 (4) 198-200.

Deshpande, S. M., & Dhakole, P. S. (2011). Literacia da Informação: Políticas e Iniciativas Governamentais na Índia. Calibre Internacional. Goa: INFLIBNET.

Printed by Books on Demand GmbH, Norderstedt / Germany